Für Robbie Griffey

KREBS

Im Einklang mit den Sternen leben

STELLA ANDROMEDA

ILLUSTRIERT VON EVI O. STUDIO

GROH

I.

Alles über den Krebs

II.

Die Welt des Krebses

III.

Mehr Astrowissen

Einleitung

Der Giebel des antiken griechischen Apollontempels in Delphi trägt die Inschrift: „Erkenne dich selbst.“ Sie ist eine der 147 delphischen Maximen, nach denen man leben sollte. Von Gott Apollon selbst soll diese Aufforderung zur Selbsterkenntnis stammen, und später ergänzte sie der Philosoph Sokrates um den Satz: „Ein unerforschtes Leben ist nicht lebenswert.“

Der Mensch versucht auf vielfältige Weise, sich selbst kennenzulernen und sein Leben oder die Herausforderungen seines Daseins zu meistern, oft mithilfe von Therapien oder organisierten Glaubenssystemen wie Religionen. Wir wollen auf diesem Weg vor allem die Beziehung zu uns selbst und zu anderen besser verstehen lernen und Mittel finden, die uns das ermöglichen.

Die Astrologie bietet durch ihre symbolische Verwendung der Himmelskonstellationen, also der Darstellung der Tierkreiszeichen, der Planeten und ihrer energetischen Auswirkungen einige Ansätze für das Verstehen der menschlichen Natur und der Erfahrung. Viele Menschen empfinden dieses Wissen und das Potenzial, das darin steckt, als hilfreich, um Denkanstöße für eine erfülltere Lebensweise zu gewinnen.

Was ist Astrologie?

Einfach ausgedrückt, ist Astrologie das Studium und die Deutung des Einflusses, den die Planeten aufgrund ihrer Positionen im Raum zu einem bestimmten Zeitpunkt auf uns Menschen und unsere Welt nehmen können. Die angewandte Astrologie beruht auf einer Kombination aus dem faktischen Wissen über die Besonderheiten dieser Positionen und ihrer psychologischen Interpretation.

Astrologie ist weniger ein Glaubenssystem als eine praktische Lebenshilfe, die uns alte, überlieferte Weisheiten an die Hand gibt. Jeder Mensch kann lernen, die Astrologie für sich zu nutzen – nicht so sehr zum Wahrsagen oder um die Zukunft zu deuten, sondern als Wegweiser zu größerer Einsicht und einer achtsameren Herangehensweise an das Leben. Der richtige Zeitpunkt ist das A und O in der Astrologie. Die Kenntnis der Planetenkonstellationen und ihrer Beziehung zu bestimmten Zeiten zueinander kann uns bei der Wahl des richtigen Moments für manche Lebensentscheidungen helfen.

Zu wissen, wann größere Veränderungen im Leben anstehen können – aufgrund von Planetenkonstellationen wie einem rückläufigen Saturn (siehe S. 103) oder rückläufigen Merkur (siehe S. 104) – oder was eine Venus im siebten Haus bedeutet (siehe S. 85 und 98) und wie das im Licht der spezifischen Eigenschaften des eigenen Sternzeichens zu berücksichtigen ist: Dies alles sind Werkzeuge, die du zu deinem Vorteil nutzen kannst. Wissen ist Macht und die Astrologie kann ihren Teil dazu beitragen, die Höhen und Tiefen des Lebens, aber auch unsere Beziehungen gut zu meistern.

Die zwölf Sternzeichen

Jedes Stern- oder Tierkreiszeichen hat typische Eigenschaften, die den Menschen gemeinsam sind, die in diesem Zeichen geboren wurden. Dieses Zeichen ist dein Sonnenzeichen, das du wahrscheinlich schon kennst – und der übliche Ausgangspunkt, von dem aus wir unseren astrologischen Weg erkunden. Die Eigenschaften des Sonnenzeichens können sich individuell sehr stark zeigen, doch stellen sie nur einen Teil des Ganzen dar.

Wie wir auf andere wirken, wird meist von weiteren Faktoren beeinflusst, die man ebenfalls berücksichtigen sollte. So sind das Zeichen deines Aszendenten und deine Mondstellung genauso wichtig wie dein Sonnenzeichen. Du kannst dir auch dein Gegenzeichen ansehen, um herauszufinden, was deinem Sonnenzeichen vielleicht dazu verhelfen könnte, mehr Balance zu erreichen.

Im ersten Teil dieses Buchs lernst du dein Sonnenzeichen kennen. Im zweiten Abschnitt bist du dazu eingeladen, noch tiefer einzutauchen (siehe S. 74–105) und die Einzelheiten deines Geburtshoroskops zu erforschen. Damit wirst du einen viel größeren Einblick in die zahlreichen astrologischen Einflüsse gewinnen, die sich in deinem Leben zeigen können.

Die Sonnenzeichen

Die Erde braucht 365 Tage (exakt sind es 365,25), um die Sonne zu umrunden. Dabei scheint die Sonne einen Monat lang durch jedes Tierkreiszeichen zu wandern. Dein Sonnenzeichen ist somit das Tierkreiszeichen, in dem die Sonne zum Zeitpunkt deiner Geburt stand. Wenn du dein Sonnenzeichen und die deiner Familie, Freund*innen und Partner*innen kennst, ermöglicht dir das einen guten Einblick in die Charakter- und Persönlichkeitsmerkmale, die du mithilfe der Astrologie entdecken kannst.

Im Übergang geboren

Für Menschen, die gegen Ende des einen oder zu Beginn des nächsten Sonnenzeichens geboren sind, lohnt es sich, ihre genaue Geburtszeit herauszufinden. Astrologisch gesehen gibt es eigentlich keinen Übergang zwischen den Zeichen, denn jedes davon beginnt zu einem festen Zeitpunkt an einem bestimmten Datum, auch wenn dieser von Jahr zu Jahr etwas variieren kann. Wenn du unsicher bist, was dein Sonnenzeichen ist, kannst du es über dein Geburtsdatum, deine Geburtszeit und deinen Geburtsort genau bestimmen. Mit diesen Daten kannst du einen Astrologen aufsuchen oder du lässt sie durch ein Online-Astrologieprogramm laufen (siehe S. 108), um ein möglichst genaues Geburtshoroskop zu erstellen.

Widder

Lat.: Aries

★

21. MÄRZ–20. APRIL

Astrologisch das erste Sternbild des Tierkreises, erscheint der Widder zur Frühjahrs-Tagundnachtgleiche. Kardinales Feuerzeichen; das Zeichen für Anfänge. Herrscherplanet ist Mars, der dafür steht, Herausforderungen dynamisch, energievoll und kreativ zu begegnen. Gegenzeichen: die luftige Waage.

Stier

Lat.: Taurus

★

21. APRIL–20. MAI

Fixes Erdzeichen. Geerdet, sinnlich und den körperlichen Freuden zugewandt, ist der Stier von seinem Herrscherplaneten Venus mit Anmut und einem Sinn fürs Schöne ausgestattet – trotz seiner bulligen Darstellung. Charakteristisch ist seine unbeschwerte, unkomplizierte, wenn auch manchmal sture Lebenseinstellung. Gegenzeichen: das Wasserzeichen Skorpion.

Zwillinge

Lat.: Gemini

*

21. MAI–21. JUNI

Veränderliches Luftzeichen. Zwillinge neigen dazu, beide Seiten eines Problems zu sehen, wobei der Herrscherplanet Merkur ihren schnellen Verstand beeinflusst. Zwillinge scheuen sich häufig vor Verpflichtungen und versinnbildlichen auch eine jugendliche Haltung. Gegenzeichen: der feurige Schütze.

Krebs

Lat.: Cancer

*

22. JUNI–22. JULI

Kardinales Wasserzeichen, dargestellt mit starken Scheren. Der Krebs gilt als gefühlsbetont und intuitiv, er schützt seine Empfindlichkeit mit seiner Schale. Sie verkörpert auch die Sicherheit des Krebs-Zuhauses, dem dieses Zeichen verpflichtet ist. Herrscherplanet ist der mütterliche Mond. Gegenzeichen: das Erdzeichen Steinbock.

Löwe

Lat.: Leo

✶

23. JULI–23. AUGUST

Fixes Sonnenzeichen. Der Löwe liebt es zu glänzen. Er ist im Herzen ein Idealist, positiv und über die Maßen großzügig. Löwen-Geborene können vor Stolz brüllen und so zuversichtlich wie kompromisslos sein, mit großem Glauben und Vertrauen in die Menschheit. Herrscherplanet ist die Sonne. Gegenzeichen: der luftige Wassermann.

Jungfrau

Lat.: Virgo

✶

24. AUGUST–23. SEPTEMBER

Veränderliches Erdzeichen. Die Jungfrau gilt als aufmerksam, detailorientiert und häufig selbstgenügsam. Die Jungfrau schöpft aus einem scharfen, nicht selten selbstkritischen Intellekt und ist oft sehr gesundheitsbewusst. Herrscherplanet ist Merkur. Gegenzeichen: das Wasserzeichen Fische.

Skorpion

Lat.: Scorpio

*

24. OKTOBER–22. NOVEMBER

Fixes Wasserzeichen. Entsprechend neigt der Skorpion zu intensiven Gefühlen. Sein Tierkreiszeichen verbindet ihn mit der Wiedergeburt nach dem Tod. Herrscherplaneten sind Pluto und Mars. Wegen seiner starken Spiritualität und tiefen Emotionen braucht der Skorpion Sicherheit, um seine Kraft leben zu können. Gegenzeichen: das Erdzeichen Stier.

Waage

Lat.: Libra

*

24. SEPTEMBER–23. OKTOBER

Kardinales Luftzeichen mit Herrscherplanet Venus. Hier dreht sich alles um Schönheit, Gleichgewicht (dargestellt durch die Waage) und Harmonie in einer eher romantischen, idealen Welt. Mit ihrem Sinn für Ästhetik können Waagen sowohl künstlerisch als auch handwerklich sein. Sie schätzen außerdem Fairness und sind oft sehr diplomatisch. Gegenzeichen: der feurige Widder.

Schütze

Lat.: Sagittarius

✶

23. NOVEMBER–21. DEZEMBER

Veränderliches Feuerzeichen, bei dem sich geistig wie körperlich alles um Reisen und Abenteuer dreht. Schützen haben eine direkte Herangehensweise, sind optimistisch und stecken voller Ideen. Sie lieben es, freien Lauf zu haben, neigen aber zu Verallgemeinerungen. Herrscherplanet ist der gutwillige Jupiter. Gegenzeichen: die luftigen Zwillinge.

Steinbock

Lat.: Capricornus

✶

22. DEZEMBER–20. JANUAR

Kardinales Erdzeichen mit Herrscherplanet Saturn. Der Steinbock gilt als harter Arbeiter und wird von der trittsicheren wie verspielten Ziegenart dargestellt. Er ist vertrauenswürdig und scheut sich nicht vor Verantwortung. Oft sind Steinböcke sehr genügsam und haben die Disziplin für selbstständige Berufe. Gegenzeichen: das Wasserzeichen Krebs.

Wassermann

Lat.: Aquarius

*

21. JANUAR–19. FEBRUAR

Trotz seiner Darstellung als Wassermann ein fixes Luftzeichen. Es wird beherrscht vom unberechenbaren Uranus, der alte Ideen mit innovativem Denken vom Tisch kehrt. Der Wassermann ist tolerant und weltoffen. Ganz auf Menschlichkeit bedacht, hat er soziale, gewissensgeleitete Ideale. Gegenzeichen: der feurige Löwe.

Fische

Lat.: Pisces

*

20. FEBRUAR–20. MÄRZ

Veränderliches Wasserzeichen, das stark auf seine Umgebung reagiert. Dargestellt durch zwei Fische, die, in entgegengesetzte Richtungen schwimmend, manchmal Fantasie und Realität verwechseln. Von Neptun beherrscht, ist die Welt der Fische fließend, fantasievoll und empathisch. Fische nehmen oft die Stimmungen anderer auf. Gegenzeichen: das Erdzeichen Jungfrau.

Alles
über
den
I.

Krebs

Das Zeichen, in dem die Sonne zum Zeitpunkt deiner Geburt stand, ist der ultimative Ausgangspunkt, um deinen Charakter und deine Persönlichkeit durch den Tierkreis zu erforschen.

DEIN SONNENZEICHEN

Kardinales Wasserzeichen, dargestellt durch die Krabbe.

Beherrscht vom Mond und seinen Zyklen, die auch die Gezeiten der Meere beeinflussen.

GEGENZEICHEN

Steinbock

LEBENSMOTTO

„Ich fühle."

I.

Glücksfarbe

Silber ist die Glücksfarbe der Krebse, einschließlich des silbrig-blaugrünen Schillerns der Meere. Ähnlich wie der Herrscher des Krebses, der Mond, reflektiert poliertes Silber das Licht. Krebse tragen es oft als Schmuck, doch verbinden sie auch silberfarbene Kleidung und silberne Accessoires mit Krebs-Eenergie, für psychischen Auftrieb und eine Portion Mut.

II.

Glückstag

Montag. Er gilt in vielen Ländern als erster Tag der Arbeitswoche. Sein Name leitet sich von „Mondtag“ ab; auch das französische *lundi* stammt von dem Wort für Mond, *lune*.

III.

Glücksedelstein

Die Perle mit ihrer wunderbaren Leuchtkraft. Bei den alten Griechen galten Perlen als Freudentränen der Liebesgöttin Aphrodite. Als Symbol der Reinheit sollen Perlen auch das Unglück umkehren. Mondsteine gelten ebenfalls als Glückssteine der Krebs-Geborenen. Sie steigern die Energie, verbessern die Intuition und stehen für den Anfang eines neuen Zyklus.

IV.

Orte

Zu den Ländern, die dem astrologischen Profil des Krebses zugeordnet sind, zählen die Niederlande, Kroatien, die Kapverdischen Inseln und Neuseeland. Kolumbien, das Königreich Bahrain, Slowenien und Ruanda sind ebenfalls gute Krebs-Orte. Unter den Städten gilt Venedig mit all seinem Wasserzauber als ideale Krebs-Location, aber auch Amsterdam, New York, Stockholm und Tokio.

V.

Ferien

Viele Krebse lockt der Urlaub daheim, da sie es sehr genießen, zu Hause zu sein, und dies oft entspannender finden, als sich durch einen Flughafen zu quälen. Für Krebse, die es schaffen, das Land zu verlassen, könnte eine Ferienvilla auf einer griechischen Insel eine gute Wahl sein, mit Platz für die ganze Familie. Andere passende Ferienziele wären die Galapagosinseln oder Schildkröten-Watching bei Ras al-Dschinz im Oman.

VI.

Blumen

Der weiße, süß duftende Jasmin, der unbeirrbar an Hauswänden emporrankt, und die Ackerwinde sind Krebs-Blumen. Außerdem der Akanthus mit seinen blassweißen und malvenfarbenen Blüten, ein Symbol für Wiedergeburt, Unsterblichkeit und Heilung.

VII.

Bäume

Die Weide mit ihren silbrig-grünen, zum Wasser herabhängenden Ästen und Blättern ist ein Krebs-Baum, ebenso die Weißbirke mit ihrer papierähnlichen Rinde und dem schimmernden Blattwerk. Auch andere Bäume mit hohem Zellsaft-(Fluid-)Gehalt, wie Ahorn oder Ulme, werden mit diesem Sternzeichen assoziiert.

VIII.

Haustiere

Eine Schildkröte bietet sich als Haustier an, denn der Krebs kann sich gut mit diesem Tier identifizieren, das sein Zuhause auf dem Rücken trägt. Und da es mitsamt seinem Terrarium viel Pflege braucht, spricht es das Bedürfnis des Krebses an, zu hegen und zu pflegen.

IX.

Feste

Strandpartys sind genau das Richtige für Krebse, die im Mondlicht am Rande der Brandung tanzen. Doch würden sie immer ein Treffen mit engen Freunden dem mit einer Horde Unbekannter vorziehen. Wenn es gerade keinen Strand gibt, reicht auch eine Hausparty, am besten im eigenen Heim. Es gibt bestimmt jede Menge leckeres Essen und vielleicht einen Mondschein-Cocktail mit Tequila, Triple Sec und Kokosnusscreme, geschüttelt mit Eis und etwas Limettensaft.

Die Eigenschaften des Krebses

Loyal, freundlich und sympathisch: All dies trifft auf Krebse zu, doch manchmal können sie auch ein wenig zu „krebshaft" wirken: Denn wie ihr Symboltier haben sie ein sehr sanftes und weiches Inneres, das bisweilen ein sehr hartes Äußeres nötig hat, um sich zu verstecken und ihre Gefühle zu schützen. Der Krebs ist an Land und zu Wasser zu Hause, entsprechend fühlt er sich in der realen Welt genauso wohl wie in seiner Fantasie. Aber lass dich nicht täuschen: Beim Krebs dreht sich alles um Gefühle, und da er vom Mond beherrscht wird, können seine Gezeiten unter der Oberfläche sehr stark schwanken.

Der Krebs ist außerdem ein kardinales Zeichen mit starkem, ambitioniertem Engagement für die echte Welt und ihre Bewohner*innen und dazu sehr gesellig. Bei ihm geht es vor allem um Beziehungen, zum*r Partner*in wie zu Familie und Freunden. Wenn Krebs-Geborene sich einmal festgelegt haben, halten sie daran fest. Dies verleiht ihnen die andere bekannte Eigenschaft einer Krabbe: Beharrlichkeit.

Wie bei seinem Herrscher, dem Mond, kann die Intensität des Krebses schwanken – manchmal ist er gut „wahrnehmbar", manchmal weniger –, was ihm den Ruf verleiht, ein wenig launisch zu sein. Dabei sind gar nicht so sehr Launen der Grund dafür, dass sich der Krebs gelegentlich emotional in seinen Panzer zurückzieht, sondern das Bedürfnis nach einer Auszeit, um die eigenen Gefühle zu verarbeiten. Hinter dieser Art Distanziertheit kann sich ein*e Grübler*in verbergen, dem*r es schwerfällt, sich von sorgenschweren Gedanken zu lösen. Krebse umgibt etwas Geheimniskrämerisches, da sie Gefühle oder Wissen gut verbergen können und nicht viel davon preisgeben, bevor sie sich nicht sicher fühlen.

Geschlechtsunabhängig weisen Krebse oft eine sehr fürsorgliche, mütterliche Seite auf, da der Mond in seinen Attributen als weiblich gilt. Man beschreibt sie oft als Pfleger*innen des Tierkreises, was man an ihrer Liebe zur Familie erkennen kann. Sie sorgen erfolgreich für ein wunderbares Familienleben und dehnen dabei ihre Fürsorglichkeit auf andere Freunde, Gäste oder sogar auf Tiere aus. Krebse können gut mit Kindern; sie blicken oft nostalgisch auf ihre eigene Kindheit zurück, was unter Umständen zu einem fast kindlichen Geborgenheitsverlangen führen kann. Da sie als kardinales Zeichen aber sehr pragmatisch veranlagt sind, gelingt es ihnen in der Regel auch, diese Geborgenheit für sich wie für andere herzustellen. Krebse machen es einem nicht leicht: Ihre Stärke und Widerstandsfähigkeit lassen einen ihre weichere, deutlich intuitive Seite nicht immer leicht erkennen.

DIE WOGEN GLÄTTEN

Die charakteristischen Eigenschaften jedes Sonnenzeichens lassen sich durch die Qualitäten anderer Zeichen im gleichen Geburtshoroskop ausgleichen (oder manchmal verstärken), insbesondere durch die seines Aszendenten und Mondes. Wenn also jemand seinem Sonnenzeichen nicht zu entsprechen scheint, ist das der Grund dafür. Allerdings werden die ursprünglichen Krebs-Aspekte immer als wichtiger Einfluss vorhanden sein und die Lebenseinstellung von Krebs-Geborenen beeinflussen.

Körper und Gesundheit

Krebse wirken manchmal zögerlich, wie Beobachter, die am Rande stehen oder sich aus einem bestimmten Winkel annähern, wobei sie aber definitiv alles aufnehmen. Der Grund ist nicht unbedingt mangelndes Selbstvertrauen, sondern vielmehr ein interessierter, beobachtender und überlegter Standpunkt. Wenn sie sich dann einmal orientiert haben, beziehen sie jedoch gern Stellung, selbst wenn sie sich krabbentypisch von der Seite annähern. Trotz dieser Tendenz zu Ausflüchten haben Krebse oft einen direkten, manchmal stechenden Blick, da sie jede Situation abwägen müssen und wie Hellseher Schwingungen sondieren. Ihre Meinung behalten sie aber für sich, bis sie sich völlig sicher sind, was sie sagen wollen.

Gesundheit

Der Bauch wird astrologisch vom Krebs beherrscht und all das Grübeln und Sorgen dieses Zeichens kann sein Verdauungssystem stark durcheinanderbringen, wodurch es zu Geschwüren und anderen Magenproblemen neigt. Einen empfindlichen Bauch können auch zu viel Essen und Alkohol reizen und Krebse greift häufig zu Trostessen, wenn sie Ängste und Sorgen haben. Folglich neigen sie ein wenig zu Übergewicht, Krebs-Frauen auch zu Brustproblemen wie Zysten oder Ähnlichem, da die Brust in Verbindung mit dem mütterlichen Nähren steht, das der Krebs versinnbildlicht. Selbstfürsorge und Gesundheitschecks sind daher (wie bei allen Frauen) wichtig.

Sport und Bewegung

Der Krebs ist das Zeichen mit ausreichend Durchhaltevermögen für Marathons oder sogar Triathlon-Events, die über Land und Wasser gehen – in beidem fühlt sich der Krebs wohl. Seine angeborene Häuslichkeit führt jedoch dazu, dass er weitaus häufiger auf dem Ergometer im Schlafzimmer sitzt. Krebse lieben es auch, Geist und Körper zu verbinden, und wenn es nur dazu dient, um fokussiert zu bleiben. Sie sollten daher regelmäßige Work-outs einplanen, zum Beispiel in Form von Hatha-Yoga und Atemarbeit im Ausgleich zu energievolleren, aeroben Sportarten.

So kommuniziert der Krebs

Krebse sind großartige und, was noch wichtiger ist, echte Zuhörer. Stets reagieren sie auf das, was sie tatsächlich gehört haben. Sie richten ihre ganze Aufmerksamkeit auf eine Situation und konzentrieren sich auf den anderen, denn dies ist einer der Wege, mit denen sie ihre Fürsorge zeigen. Fast übertrieben intuitiv scheinen Krebse in anderen wie in einem Buch zu lesen und reagieren oft verblüffend präzise auf Unausgesprochenes. Liebespartner*innen oder Freund*innen beunruhigt dies manchmal. Krebse wissen, was aufmerksames Zuhören wert ist, und man bittet sie oft um ihren Rat, der meist überlegt und angemessen ist. Manchmal vergessen sie jedoch, dass nicht jeder so intuitiv ist wie sie selbst, und fühlen sich zurückgesetzt, wenn sie das Gefühl haben, nicht gehört zu werden. Dann können sie sich in ihren Panzer zurückziehen. Sie wirken kurz angebunden und launisch, brauchen aber nur etwas Zeit und echte Aufmerksamkeit, um sich wieder herauslocken zu lassen.

Berufe für den Krebs

Da sie die Häuslichkeit so lieben, sind Krebse glücklich, wenn sie von zu Hause aus arbeiten können, zum Beispiel freiberuflich als Autor*in oder Inhaber*in eines Online-Business. Dabei hilft, dass sie eines der Zeichen mit genug Selbstdisziplin für die Selbstständigkeit sind. Besonders Schreiben kann die rege Vorstellungskraft dieses Zeichens erweitern. Die Beharrlichkeit, die es verlangt, sich stundenlang allein in eine Idee zu vertiefen, ähnelt der einer Krabbe, die sich im Sand eingräbt.

Pflege- und Serviceberufe sind ebenfalls interessant für Krebse, da sie ihre Vorliebe ansprechen, sich um andere zu kümmern. Ein Beispiel wären Tätigkeiten im Gastronomiebereich wie Restaurants, Hotels oder Ferienanlagen. Das angeborene Einfühlungsvermögen und die Fähigkeit, zuzuhören und sich in die Probleme hineinzudenken, lässt Berufe wie Psycholog*in, Therapeut*in oder Berater*in passend erscheinen. Medizin und Krankenpflege erweitern dies mit praktischer Arbeit. Da Krebse gut mit Kindern und Jugendlichen zurechtkommen, sind für sie auch Lehrberufe oder Kinderbetreuung vorstellbar.

So tickt der Krebs

Krebse sind als Freund*innen beliebt, denn ihre Gabe, zuhören zu können, wird auch in einer hektischen Welt sehr geschätzt. Daher sind sie oft beste Freund*innen, bevor sie zu Liebespartner*innen werden. Sie binden sich fest an Menschen, zu denen sie sich hingezogen fühlen, und warten auf den richtigen Moment, bis sie zuschlagen – oft nicht auf direktem Weg. Trotz ihrer vorsichtigen, empfindlichen Art als Wasserzeichen sind sie keine Schwächlinge. Als kardinalem Zeichen ist dem Krebs auch sehr bewusst, was ihm zusteht. Daher ergreift er gern die Initiative, wenn es so weit ist. Wenn er den Entschluss gefasst hat, dass aus einer Freundschaft mehr werden kann, ist er so überzeugt davon, dass er jedes Hindernis überwindet.

Die Krebs-Frau

Krebs-Frauen sind der Inbegriff der Weiblichkeit. Sie mögen auf eine leise Art kokett erscheinen, sind aber auch zutiefst sinnlich und engagieren sich stark, wenn sie sich einmal verliebt haben. Treue ist sehr wichtig für sie, solange sie nicht enttäuscht werden, und sie mögen es nicht, wenn man sie hintergeht. Ihr stilles, sanftes Auftreten kann täuschen, denn dahinter verbirgt sich eine stählerne Entschlossenheit, Dinge zu bewegen und voranzubringen.

BERÜHMTE KREBS-FRAUEN

Prinzessin Diana zeigte sich auf der Weltbühne überaus mitfühlend, hatte aber auch einen auf wunderbar intime und feminine Weise koketten Augenaufschlag. Die Schauspielerin Margot Robbie mit ihrer eigenen Produktionsfirma, die Sängerin Ariana Grande und die Aktivistin Malala Yousafzai stehen für außergewöhnliche Charakterstärke, mit der sie Dinge bewegen – zu ihren Bedingungen und auf ihre Weise.

Der Krebs-Mann

Krebs-Männer nehmen ihre Beschützerrolle sehr ernst und wirken dabei manchmal ein wenig altmodisch. Ihre romantischen Gesten sind echt, dienen häufig aber auch dazu, das Terrain zu testen. Wenn der Krebs-Mann Gefühle riskiert, will er sich sicher sein, da ihn Zurückweisung hart trifft. Diese Mischung aus maskuliner Sensibilität ist attraktiv, kann aber schwer auszubalancieren sein.

BERÜHMTE KREBS-MÄNNER

Das Draufgängertum von Ernest Hemingway verdeckte eine empfindliche Seele. Das Gleiche kannte man von Schauspieler Robin Williams. Tom Cruise und Prinz William sind typische Krebs-Männer: Beide verbinden ihre Action-Liebe mit einem Bedürfnis nach romantischen Gesten und einem harmonischen Familienleben.

Wer lieb

wen?

Krebs & Widder

Die sexuelle Anziehung zwischen Feuer und Wasser kann bei diesen Zeichen aufregend sein. Der Widder könnte jedoch die defensive Neigung des Krebses als hemmend empfinden, während seine Häuslichkeit in ihm womöglich Fluchtgedanken weckt.

Krebs & Stier

Beide bekommen die Zuneigung, die sie suchen, und harmonieren auch sexuell. Der Krebs kann im beständigen Stier die fantasievolle Seite wecken. Umgekehrt findet seine Tendenz zur Launenhaftigkeit hier gute Erdung und trifft auf Toleranz.

Krebs & Zwillinge

Obwohl der Krebs sich anfangs zu Zwillingen hingezogen fühlt, sind diese oft zu unstet für sein Sicherheitsbedürfnis. Dazu kollidiert der Zwillinge-Intellekt häufig mit seiner intuitiven Lebensauffassung, wenn auch die Luftigkeit des Zwillings den Krebs-Geist inspirieren kann.

Krebs & Krebs

Sie verstehen einander, doch wie wollen sie sich bei so viel Gemeinsamkeit entwickeln? Im Bett sind sie ein sinnliches Paar, doch sonst überwiegen oft Besitzergreifen und Bestätigungsbedürfnis, außer wenn beide gelegentlich Abstand nehmen können.

Krebs & Löwe

Der Löwe ist wunderbar optimistisch, was den Krebs anzieht. Langfristig mögen dieser ständige Überschwang und das Verlangen nach öffentlicher Anerkennung der Krebs-Seele mit ihrem Wunsch nach Bestätigung jedoch lästig werden.

Krebs & Jungfrau

Die Detailgenauigkeit der Jungfrau passt zum Sicherheitsbedürfnis des Krebses und beide sind intellektuell und emotional im Gleichgewicht. Das macht ihre Verbindung von Anfang an harmonisch und liebevoll.

Krebs & Skorpion

Diese beiden Zeichen verstehen einander: Durch das Engagement und die Zuneigung des Krebses fühlt sich der Skorpion sehr sicher, was seinen potenziellen Stachel entschärft und beflügelnde körperliche und emotionale Intimität ermöglicht.

Krebs & Waage

Die emotionale Krebs-Einstellung zur Liebe kann sich mit dem intellektuellen Gleichgewichtsbedürfnis der Waage reiben. Das erschwert es, die Bedürfnisse des anderen zu verstehen. Ein geteiltes Engagement für ein schönes Zuhause kann helfen, reicht aber womöglich nicht.

Krebs & Schütze

Krebse fühlen sich durch das flüchtige Wesen dieses Feuerzeichens oft zu unsicher. Häufig geht dafür ihre einfühlsame, häusliche Seite dem freiheitsliebenden Schützen auf die Nerven. Langfristig ist für beide eine Freundschaft besser als eine Partnerschaft.

Krebs & Wassermann

Bei Weitem zu unverbindlich, intellektuell und unberechenbar, um das Krebs-Grundbedürfnis nach Aufmerksamkeit zu erfüllen, mag der Wassermann zwar sexuell interessiert sein, ist aber gefühlsmäßig nicht ausreichend dabei, als dass mehr als eine Bettgeschichte daraus würde.

Krebs & Fische

Beide sind fantasievolle Wasserzeichen, wenn auch unterschiedlich – der eine ein Macher, der andere ein Arbeiter. Sie sind sinnlich kompatibel, wobei der beschützende Krebs die romantischen Visionen der Fische gern mitträgt. Sie verstehen einander und funktionieren gut als Paar.

Krebs & Steinbock

Astrologische Gegensätze ziehen sich meist an, zumindest anfangs, doch könnten Krebse die Steinbock-Zurückhaltung und -Autarkie als Zurückweisung deuten. Langfristig sorgt dies für Unruhe.

Love-o-meter für den Krebs

Perfekter Treffer:
ebs
Löwe
Stier
Fische
Jungfrau
Skorpion

Die Welt des

II.

Krebses

Dieser Abschnitt führt dich tiefer in die Welt deines Sonnenzeichens. Du erfährst, wie es dich antreiben oder zurückhalten kann, und du kannst anfangen, darüber nachzudenken, wie du dieses Wissen für dich nutzen möchtest.

So wohnt der Krebs

Der Krebs fühlt sich dort zu Hause, wo sein Herz ist. Sein Heim ist häufig ein Rückzugsort, was sich in klaren Farben und dem Fehlen von Krimskrams widerspiegelt, ohne jedoch überstilisiert zu wirken. Komfort und unaufdringliche Gemütlichkeit stehen im Zentrum, alles wirkt harmonisch, nirgends stört grelles Licht. Oft sieht man hier Fotos von Familie und Freunden, die bis in alte Zeiten zurückreichen. In seinem Heim fühlt sich der Krebs sicher und kann den Rest der Welt ausblenden.

Eichenböden, Meeresbilder in Treibholzrahmen, Kugellampen oder mondförmige Lichtelemente und Vorhänge in Leinenoptik: Die Einrichtung kann maritim sein, aber oft gibt es auch einen warmen, glühenden Kamin. Dieses Feuer ist dem Krebs häufig sehr wichtig, denn obwohl er ein Wasserzeichen ist, bedeutet sein kardinaler Aspekt, dass er an das glaubt, was für das Familienleben grundlegend ist – und das wird repräsentiert durch den Feuerplatz als Herzstück des Hauses. Selbst im Heim eines Krebs-Mannes sind feminine Noten nicht selten, wie weiche Handtücher im Bad, frische Blumen oder Kissen auf dem Sofa.

TIPPS FÜR DIE KREBS-SELBSTFÜRSORGE

- Kombiniere Wassersport wie Schwimmen und eher geerdete Yoga-Übungen, damit dein Geist aus dem Grübeln kommt.
- Pfefferminztee kann deine Verdauung unterstützen.
- Strandspaziergänge können dich wieder mit deiner natürlichen Umgebung verbinden.

Selbstfürsorge

Krebsen fällt es so viel leichter, sich um andere zu kümmern, als für sich selbst zu sorgen, dass sie darüber ihre eigenen Bedürfnisse meist vernachlässigen. Da Vorbeugen besser ist als Medizin, sollten Krebse regelmäßig Sport treiben oder sich bewegen, damit sie für eine Weile abschalten und ihren Körper entspannen. Da sie sich im Wasser oft genauso wohl fühlen wie an Land, ist eine halbe Stunde Bahnschwimmen für Krebse der perfekte Ausgleich zum intensiven Denken.

Krebse sollten feste Auszeiten einplanen, um ihr emotionales Engagement für andere auszugleichen, Abstand zu gewinnen und zu regenerieren. Besonders wichtig ist dies bei fordernden Tätigkeiten als Lehrer*in oder in der Pflege, um Stress, Erschöpfung und Burn-out vorzubeugen. Hilfreich sind auch Achtsamkeitsmeditationen, eventuell zusammen mit Hatha-Yoga, um die Atmung zu kontrollieren und den rastlosen Geist zu beruhigen. Sie helfen außerdem gegen den „Stein im Bauch", der zu Verdauungsproblemen führen kann. Und wie wäre es damit, sich getröstet und wertgeschätzt zu fühlen, nachdem man alle anderen auf diese Weise umsorgt hat? Eine Stunde Laufen, danach eine Ganzkörpermassage mit wohltuendem Jasmin- und Sandelholzöl zum Klang von Meereswellen wären genau das Richtige.

DIE KREBS-SPEISEKAMMER

- Handgeschöpfte Meersalzflocken als großartige Geschmacksverstärkung.
- Sardellen in Öl oder Lake als Pizzabelag, für Saucen oder als besondere Note im Lammbraten.
- Getrocknete Steinpilze für ein intensives Aroma.

Kochen und Essen

Wie könnte der Krebs besser seine Liebe zeigen als durch Kochen? Tiefkühlmahlzeiten oder Lieferdienste sind nichts für Krebse: Die italienische Mama, die Spaghetti bolognese an alle und jeden verteilt, ist die Verkörperung eines Krebses und in seinem Zuhause sind Kühlschrank und Vorratsschrank höchstwahrscheinlich immer üppig gefüllt. Krebs-Geborene haben eine unverkrampfte, wertschätzende Einstellung zum Essen, wenn sie auch manchmal zu Unverträglichkeiten neigen. Selbst dann sind sie jedoch selten pingelig und folgen kaum strengen Ernährungsformen wie Veganismus, da sie nicht besonders puritanisch veranlagt sind und weil ihre sinnliche Seite die Freude am Vorbereiten, Kochen und Essen zu sehr liebt.

Typisch ist ein Krebs-Mann, der Risotto mit größtem Vergnügen selbst kocht, exquisite Gemüse-Samosas faltet oder aus Liebe sogar glutenfreie Brotsauce zaubert, oder eine Krebs-Frau, deren Brandteig für ihre unverwechselbaren Schoko-Eclairs ebenso köstlich wie legendär ist.

TIPPS FÜR DEN UMGANG MIT GELD

- Vertraue auf deinen Instinkt: Manchmal musst du spekulieren, um zu gewinnen.
- Immobilieninvestitionen sind eine sichere Anlage für das finanzielle Polster von Krebsen.
- Denke daran, auch Geld zu sparen, um damit Spaß zu haben.

Krebse und das liebe Geld

Krebse schützen nicht nur gern ihre Familie, sondern auch ihr Geld: Es fällt ihnen daher leicht, für schlechte Zeiten etwas zurückzulegen. Geld steht in mehrfacher Hinsicht für Sicherheit und der Krebs kann sehr pfiffig darin sein, es zu beschaffen – oft durch gute Geschäftsabschlüsse und harte Arbeit. Dieses Zeichen ist großzügig, aber nicht verschwenderisch. Für gewöhnlich kann man sich darauf verlassen, dass seine Ausgaben sein Einkommen widerspiegeln. Krebse leben selten über ihre Verhältnisse und zahlen Kredite problemlos ab.

Manchmal halten sie auch an ihrem Geld fest – nicht aus Geiz, sondern weil sie sich beschützt fühlen wollen. Oft sorgen sie sich, dass es nicht reicht, egal wie viel sie auf der Bank gespart haben. Bei Ausgaben für Vergnügungen berücksichtigen sie gern die Familie oder Freund*innen, häufig in Form von Einladungen nach Hause oder indem sie Gruppentreffen ermöglichen, die ihnen mehr bedeuten als ein Haufen Schmuck.

Der Krebs und seine Vorgesetzten

Der Krebs ist immer versucht, andere zu bemuttern. Wenn du die persönliche Assistenz von jemandem bist, für den du Kaffee kochen und dessen Sachen du aus der Reinigung holen musst, gehört das natürlich zu deinem Job. Als Mitglied eines Teams solltest du jedoch für andere nur dann Tee machen, wenn du dir selbst einen machst. Andernfalls könntest du feststellen, dass deine Rolle geschmälert oder deine Zeit von Kolleg*innen ausgenutzt wird. Fazit: Dein Job ist es, die Arbeit zu machen, für die du eingestellt wurdest. Ihr musst du Priorität einräumen, nicht dem Gefühlsleben deiner Mitarbeitenden.

Beschäftigst du dich zu viel mit Letzterem, kann dies auch zu Ratsch und Tratsch führen, die Zeit verschwenden und manchmal nach hinten losgehen. Und auch wenn deine Vorgesetzten Geheimnisse mit dir teilen oder du weißt, dass jemand fremdgeht, kann es sein, dass man dir deine intuitive Art übel nimmt, was im Arbeitsleben nicht hilfreich ist. Denke also daran, deine einfühlsame Seite mit einem pragmatischen Fokus auf die Erledigung deiner Arbeit auszugleichen. Manchmal fällt es Krebsen schwer, die Arbeitsstelle zu wechseln, um ihre Job- oder Karriereaussichten zu verbessern. Hier hilft eine klare Aussprache mit den Vorgesetzten.

TIPPS FÜR DEN UMGANG MIT VORGESETZTEN

- Halte freundlichen, aber professionellen Abstand.
- Nutze deine Intuition, um die Kolleg*innen zu durchleuchten, aber behalte deine Meinung für dich.
- Denke daran, deine Bedürfnisse gelegentlich an erste Stelle zu rücken, damit du weiterkommst.

TIPPS FÜR EIN LEICHTERES LEBEN

- Erkläre, was du fühlst: Nicht alle haben so eine gute Intuition wie Krebse.
- Übernimm nicht alle Haushaltsarbeiten – andere dürfen auch ihren gerechten Teil beitragen.
- Vermeide es, unnütze Dinge anzuhäufen: Dafür gibt es Charity-Shops.

Wie lebt es sich mit dem Krebs?

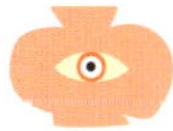

Obwohl Krebse gern häuslich sind, gehören sie im Zusammenleben nicht zu den einfachsten Zeichen. Ihr Innenleben ist so aktiv, dass es Mitbewohner*innen und Lebenspartner*innen oft nicht klar wird, was in ihren fantasievollen, intuitiven Köpfen vor sich geht. Eine ruhige Stimmung kann zufriedene Selbstwahrnehmung, Durchdenken eines Projekts oder Verstimmung bedeuten. Und obwohl sie bei Freund*innen und in der Familie Sicherheit finden, brauchen Krebs-Geborene relativ viel Zeit für sich selbst, um ihre Gefühle zu verarbeiten. Da man dies leicht missverstehen kann, bringt es Außenstehende bisweilen zur Verzweiflung.

Krebse sind auch die sprichwörtlichen Sammler*innen, was sich gern im sentimentalen An-Dingen-Hängen zeigt, die ausschließlich für sie selbst eine erkennbare Bedeutung haben. Der Haufen Theaterprogramme ist also genauso unverzichtbar wie die angeschlagene Kindertasse. Umgekehrt können Krebse, wenn ihnen danach ist, schroff, rabiat und minimalistisch sein und extrem ausmisten. Interessanterweise neigen Krebse auch dazu, Menschen zu sammeln. Oft haben sie viele Freund*innen unterschiedlichen Alters und unterschiedlicher Herkunft.

Krebse und Trennung

Für Krebse kann es am Ende einer Beziehung oder Liebesaffäre überaus schwer sein loszulassen, sogar wenn sie selbst den Schlussstrich gezogen haben. Das Problem an dieser Unentschlossenheit ist, dass sie zweideutige Botschaften aussendet und langfristig beide Parteien noch mehr verletzt. Als Reaktion auf all diese Gefühle können Krebse sich schließlich zurückziehen und verkriechen. Sie verschwinden emotional komplett, um mit der Situation zurechtzukommen.

Das kann auch passieren, wenn sie verlassen werden. Sie verweigern Liebe und Unterstützung von Freund*innen und Familie, während sie innerlich verletzt sind. Bei ihnen geht es um alles oder nichts. Das ist ihre Art zurechtzukommen, doch Emotionen müssen ausgedrückt werden. Das werden sie schlussendlich auch tun und vorangehen.

TIPPS FÜR EINE LEICHTERE TRENNUNG

- Werde dir klar darüber, dass du das Ende einer Beziehung akzeptierst, und lasse sie dann los.
- Schließe Freund*innen nicht aus; suche dir eine vertraute Schulter zum Anlehnen.
- Lege eine Selbstfürsorge-Routine für dich fest, um durch die ersten Tage und Wochen zu kommen.

So will der Krebs geliebt werden

Oft unterschätzt man die vorsichtige Seite von Krebsen: Ans Wasser zu laufen, um sich gleich wieder zurückzuziehen, ist charakteristisch, auch für ihre Herangehensweise an Liebesdinge. Man muss ihnen daher viel Zuspruch bieten – Beweise dafür, dass es das Risiko lohnt, nass zu werden. Krebse binden sich nie, bevor sie sich sicher sind, doch wenn sie es sind, erklären sie sich und bleiben loyal, egal wie zögerlich sie vorher waren. Natürlich erwarten sie dann das Gleiche zurück und nehmen es nicht gut auf, wenn man sie hintergeht. Behandle Krebse nie schlecht, um sie bei der Stange zu halten: Das mögen sie nicht und verschwinden. Solche Spielchen sind definitiv nicht ihr Ding.

Was brauchen Krebse also? Gewissheit und Güte sind Schlüsselwörter: Sie müssen wissen, dass es ihrem Gegenüber ernst ist. Dieses sinnliche Zeichen braucht echte Leidenschaft, und die kann man nicht vortäuschen: Der Krebs wird das wie jede Unaufrichtigkeit enttarnen. Allerdings muss für jede Art von Transzendenz im Bett ein Gefühl der Sicherheit im restlichen Haus vorhanden sein. Dies ist sehr wichtig für dieses vom Mond und seinen wechselnden Einflüssen regierte Wesen. Und auch die Romantik darf nicht zu kurz kommen, besonders beim ersten Date, wo Mondscheinstimmung ihre eigene Magie spinnt. Klar ist, dass beim Krebs die Liebe durch den Magen geht, und eine selbst gekochte Mahlzeit zu Hause zündet bei ihm oft noch mehr als ein Essen im Restaurant.

TIPPS FÜR DIE LIEBE ZUM KREBS

- Komplimente sind großartig, müssen aber ernst gemeint sein.
- Flirten ist okay, solange dein Krebs das Ziel ist!
- Halte Zurückhaltung nicht für mangelndes Interesse – Krebse brauchen eine Weile, bevor sie ihre Absichten kundtun.

Krebse und Sexualität

Im Bett sind Krebse sensible Liebhaber*innen, die sich gern auf das Vergnügen des anderen konzentrieren, einfühlsam sind und manchmal fast zu eifrig bemüht sind zu gefallen. Darüber vergessen sie, dass Sex auf Gegenseitigkeit beruht und dass Nehmen so viel Vergnügen bereitet wie Geben. Dieses äußerliche Selbstvertrauen ist teilweise Verteidigung und schützt eine sehr sensible Seele. Je sicherer der Krebs sich fühlt, desto mehr kann er entspannen und sich im Moment fallen lassen, fortgetragen in einer Flut der Gefühle.

Dem Krebs sehr nahe zu kommen, dauert, lohnt sich jedoch immer. Krebse lassen sich im Bett gern Zeit. Selten ist der Sex mit ihnen eine schnelle Nummer, häufiger ein sinnliches Event. Sie können einfallsreich und verspielt sein, wenn sie sich ihres Partners oder ihrer Partnerin erst sicher sind. Natürlich haben auch Krebse Gelegenheitssex, doch vor allem legen sie Wert auf Beziehungen, in denen das Körperliche seinen Platz hat, blühen kann und echte Gefühle transportiert. Massage kann für das Krebs-Vorspiel wichtig sein, da ihnen die Aufmerksamkeit für den Körper hilft, sich zu öffnen und ihren schützenden Panzer abzustreifen.

Mehr
III.

Astro-wissen

Dein Sonnenzeichen zeigt dir nie das ganze Bild. In diesem Abschnitt erfährst du, wie du weitere Details deines Geburtshoroskops lesen kannst. Damit öffnest du astrologisch neue Fenster.

Dein Geburtshoroskop

Dein Geburtshoroskop ist ein Schnappschuss eines Moments an einem bestimmten Ort zum genauen Zeitpunkt deiner Geburt. Es gilt demnach nur für dich und ist völlig einzigartig. Es ist wie eine Blaupause, eine Landkarte oder eine Aussage über Begebenheiten, die mögliche Charakterzüge und Einflüsse abbilden – aber es ist nicht dein Schicksal. Dein Geburtshoroskop ist nur ein symbolisches Instrument, auf das du dich beziehen kannst, basierend auf den Planetenkonstellationen bei deiner Geburt. Wer keinen Astrologen aufsuchen mag, kann sich sein Geburtshoroskop in wenigen Minuten online erstellen lassen (siehe auch S. 108). Wenn du deine genaue Geburtszeit nicht kennst, reichen das Datum und der Geburtsort zum Erstellen einer ersten, groben Vorlage.

Denke daran, dass in der Astrologie nichts per se gut oder schlecht ist, wie es auch keine expliziten Zeitangaben oder Vorhersagen gibt: Es ist alles eher eine Frage der Einflüsse und wie sich diese positiv oder negativ auswirken könnten. Und wenn wir eine gewisse Einsicht haben und Instrumente, mit denen wir uns unseren Umständen und unserer Umgebung annähern, sie sehen oder interpretieren können, gibt uns das etwas an die Hand, mit dem wir arbeiten können.

Wenn du dein Geburtshoroskop liest, hilft es, zunächst die Mittel der Astrologie zu betrachten, die dir zur Verfügung stehen. Dazu gehören nicht nur die zwölf Zeichen und das, was sie symbolisieren, sondern auch die zehn Planeten, mit denen die Astrologie arbeitet, und deren Eigenschaften sowie die zwölf Häuser und ihre Bedeutung. Einzeln sind diese Instrumente nur von flüchtigem Interesse, aber wenn man anfängt zu sehen, wie sie eventuell nebeneinanderstehen, wird das größere Ganze zugänglicher und man beginnt, Einsichten zu gewinnen, die nützlich sein können.

Allgemein steht jeder Planet für eine andere Energie. Die astrologischen Zeichen schlagen die Art und Weise vor, in denen sich diese Energien ausdrücken können, und die Häuser stellen Erfahrungsfelder dar, in denen dieser Ausdruck wirksam werden kann.

Als Nächstes kommen die Positionen der Zeichen an vier Schlüsselstellen ins Bild: der Aszendent und sein Gegenüber, der Deszendent; die Himmelsmitte (lat.: *Medium coeli*, kurz MC) und ihr Gegenüber, das *Imum coeli* (IC); dazu die Aspekte, die durch Gruppierungen von Zeichen und Planeten entstehen.

Jetzt kannst du sehen, wie hintergründig das Lesen eines Horoskops sein kann, wie unendlich in seiner Vielfalt und überaus individuell. Mit diesem Wissen und einem praktischen Verständnis für die Symbolik und die Einflüsse der Zeichen, Planeten und Häuser deines Profils kannst du beginnen, diese Instrumente als Hilfe bei Entscheidungen und anderen Lebensaspekten heranzuziehen.

Das Horoskop lesen

In deinem von Hand oder per Onlineprogramm angefertigten Geburtshoroskop siehst du einen Kreis, unterteilt in zwölf Segmente. An verschiedenen Punkten sind Informationen gebündelt. Sie geben die Position jedes Tierkreiszeichens an, in welchem Segment es steht und auf wie viel Grad. Unabhängig von den personenspezifisch relevanten Merkmalen ist jedes Horoskop nach dem gleichen Muster aufgebaut, wenn es um die Auslegung geht.

Auf Grundlage von Geburtszeit, Geburtsort und den Planetenkonstellationen zu diesem Zeitpunkt wird das Geburtshoroskop erstellt, auch Radixhoroskop genannt.

Wenn man sich das Horoskop als Ziffernblatt vorstellt, beginnt das erste Haus (siehe S. 95–99) an der 9. Von diesem Punkt aus wird das Horoskop gegen den Uhrzeigersinn durch alle zwölf Kreissegmente hindurch bis zum zwölften Haus gelesen.

Der Anfangspunkt, die 9, ist auch der Punkt, in dem die Sonne bei deiner Geburt aufging. Dies zeigt dir deinen Aszendenten, dein aufsteigendes Zeichen. Gegenüber, an der 3 des Ziffernblatts, liegt dein absteigendes Zeichen, der Deszendent. Deine Himmelsmitte, das MC, liegt auf der 12, ihr Gegenüber, das IC, auf der 6 (siehe S. 101–102).

Wenn wir die Bedeutung der Eigenschaften der astrologischen Zeichen und Planeten, ihre jeweiligen Energien und Positionen sowie die Aspekte zwischen ihnen verstehen, kann dies helfen, uns selbst und die Beziehung zu anderen zu begreifen. Auch im täglichen Leben hilft astrologisches Grundwissen, die wechselnden Planetenkonfigurationen und ihre Auswirkungen besser einzuordnen, genau wie die wiederkehrenden Muster, durch die Chancen und Möglichkeiten mal verringert und mal vermehrt werden können. Mit diesen Einflüssen zu leben und nicht gegen sie, kann das Leben leichter und letztlich auch erfüllter machen.

Der Mond-effekt

Wenn dein Sonnenzeichen dein Bewusstsein, deine Lebenskraft und deinen individuellen Willen symbolisiert, dann steht der Mond für die Seite deiner Persönlichkeit, die du eher geheim oder versteckt hältst. Er ist das Reich des Instinkts, der Intuition, der Kreativität und des Unbewussten, das dich emotional an neue, manchmal nur schwer zu verstehende Orte führt. Dieser Effekt verleiht einer Person Feinheiten und Nuancen, weit über ihr Sonnenzeichen hinaus. So magst du deine Sonne im Krebs haben, mit allem, was das bedeutet, doch steht ihm vielleicht ein willensstarker, dickköpfiger Mond im Stier entgegen. Oder du hast deine Sonne im offenherzigen Löwen, aber den Mond im Wassermann, mit all seiner rebellischen, emotionalen Distanziertheit.

Die Mondphasen

Der Mond kreist in rund 28 Tagen um die Erde. Wie viel wir von ihm sehen, hängt davon ab, wie viel Sonnenlicht er reflektiert. Dadurch scheint er zu- und abzunehmen. Bei Neumond beleuchtet die Sonne nur ein kleines Stück. Je mehr er zunimmt, desto mehr Licht reflektiert er. Er wird von der Sichel zum zunehmenden Sichelmond und zum ersten Viertel; dann zum zunehmenden Dreiviertelmond und zum Vollmond. Danach nimmt er ab, erst zum abnehmenden Dreiviertelmond, dann zum letzten Viertel. Der Zyklus beginnt erneut. All dies geschieht in einem Zeitraum von vier Wochen. In manchen Kalendermonaten gibt es sogar zwei Vollmonde – *Blue Moon* heißt der zweite im Englischen.

Der Mond bewegt sich jeden Monat auch durch ein neues Tierkreiszeichen, wie wir von unserem Geburtshoroskop wissen. Auch dies bringt uns Informationen: Ein Mond im Skorpion kann ganz anders wirken als ein Steinbock-Mond und je nach dem persönlichem Horoskop kann dies monatlich einen wechselnden Einfluss haben. Wenn in deinem Geburtshoroskop der Mond zum Beispiel in der Jungfrau steht, wird der tatsächliche Mond einen zusätzlichen Einfluss bringen, wenn er in die Jungfrau wandert. Weitere Informationen hierzu findest du auf den Seiten zu den Tierkreiszeichen (siehe S. 12–17).

Der Mondzyklus hat einen energetischen Effekt, den man gut an den Gezeiten erkennen kann. Da der Mond ein Fruchtbarkeitssymbol ist und für unsere tiefere, psychologische Seite steht, können wir dies aus astrologischer Sicht nutzen, um uns eingehender und kreativer auf die Lebensaspekte zu konzentrieren, die uns wichtig sind.

Eklipsen

Allgemein gesagt verschleiert eine Eklipse (Finsternis) Situationen und verhindert, dass Licht auf sie fällt. Astrologisch gesehen ist hierbei wichtig, wo Sonne oder Mond zum Zeitpunkt der Eklipse im Verhältnis zu anderen Planeten stehen. So wird eine Sonnenfinsternis in den Zwillingen einen Zwillinge-Einfluss mit sich bringen oder Zwillinge beeinflussen.

Wenn ein Lebensbereich versteckt oder ins Licht gerückt wird, ist dies eine Einladung, ihm Aufmerksamkeit zu schenken. Bei Eklipsen geht es im Allgemeinen um den Anfang oder das Ende einer Sache. Früher hielt man sie für Omen, wichtige Zeichen, die man beachten musste. Da man Eklipsen berechnen kann, werden sie astronomisch kartiert. Ihre astrologische Bedeutung kann somit im Voraus eingeschätzt werden und man kann deshalb auch im Voraus darauf reagieren.

Die zehn Planeten

In der Astrologie sprechen wir von zehn Planeten (allerdings nicht in der Astronomie, da die Sonne eigentlich ein Stern ist). Jedem Sternzeichen ist ein Herrscherplanet zugeordnet; Merkur, Venus und Mars regieren je zwei Zeichen. Die Eigenschaften der Planeten beschreiben diejenigen Einflüsse, die auf die Zeichen wirken können. Die Gesamtheit dieses Wissens fließt in die Auslegung eines Geburtshoroskops ein.

Sonne

Verkörpert das Männliche. Sie gilt als lebensentfachende Energie, was auf eine väterliche Energie im Geburtshoroskop hindeutet. Die Sonne symbolisiert unser Selbst oder unseren Wesenskern und unsere Bestimmung.

Herrscher von Löwe

Mond

Dieses Zeichen formt ein Gegenprinzip zur Sonne und bildet ein Paar mit ihr. Er verkörpert das Weibliche und steht für Geborgenheit und Empfänglichkeit und dafür, wie wir instinktiv und gefühlsmäßig reagieren.

Herrscher von Krebs

Merkur

Der Planet der Kommunikation. Symbolisiert den Drang, die Gedanken durch Worte zu verstehen und mitzuteilen.

Herrscher von Zwillinge und Jungfrau

Venus

Der Planet der Liebe. Hier geht es um Anziehung, Verbundenheit und Lust. Im Horoskop einer Frau symbolisiert er ihren weiblichen Stil, im Horoskop eines Mannes seine*n ideale*n Partner*in.

Herrscher von Stier und Waage

Mars

Dieser Planet symbolisiert Energie pur (Mars ist der Gott des Krieges), zeigt aber auch, in welchen Bereichen wir am ehesten durchsetzungsfähig, aggressiv oder risikobereit sind.

Herrscher von Widder und Skorpion

Saturn

Wird manchmal der weise Lehrer oder Lehrmeister der Astrologie genannt. Er symbolisiert gelernte Lektionen und Grenzen und zeigt uns den Wert von Entschlossenheit, Zähigkeit und Widerstandsfähigkeit.

Herrscher von Steinbock

Jupiter

Der größte Planet unseres Sonnensystems. Symbolisiert Freigebigkeit und Wohltätigkeit, alles, was expansiv und heiter ist. Wie bei dem Zeichen, über das er herrscht, geht es auch darum, sich auf Reisen und Erkundungen von zu Hause wegzubewegen.

Herrscher von Schütze

Uranus

Symbolisiert das Unerwartete, neue Ideen und Innovation; den Drang, das Alte niederzureißen und das Neue einzuführen. Der Nachteil kann eine Unfähigkeit sein, sich einzufügen, und somit das Gefühl, ein Außenseiter zu sein.

Herrscher von Wassermann

Pluto

Dem Hades (lat.: *Pluto*), Gott der Unterwelt oder Toten, zugeordnet, übt dieser Planet eine mächtige Kraft aus, die unter der Oberfläche liegt und die in ihrer negativsten Ausprägung für Obsessionen und zwanghaftes Verhalten stehen kann.

Herrscher von Skorpion

Neptun

Mit dem Meer verbunden, steht er für die unterhalb liegenden Dinge, unter Wasser und zu tief, um klar erkannt zu werden. Sensibel, intuitiv und künstlerisch, symbolisiert er die Fähigkeit, bedingungslos zu lieben, zu verzeihen und zu vergessen.

Herrscher von Fische

Die vier Elemente

Die Unterteilung der zwölf Sternzeichen in die Elemente Erde, Feuer, Luft und Wasser liefert noch weitere Eigenschaften. Sie wurzelt in der altgriechischen Medizin, die lehrte, dass der Körper aus vier Körperflüssigkeiten oder „-säften" bestand: Blut, gelbe und schwarze Gallenflüssigkeit sowie Schleim. Sie entsprachen den vier Temperamenten sanguinisch, melancholisch, cholerisch und phlegmatisch, den vier Jahreszeiten Frühling, Sommer, Herbst und Winter und den vier Elementen Luft, Feuer, Erde und Wasser.

In der Astrologie beschreiben diese symbolischen Eigenschaften weitere Aspekte der unterschiedlichen Zeichen. C. G. Jung verwendete sie in seiner Psychologie und noch heute bezeichnen wir Menschen in ihrer Lebenseinstellung zum Beispiel als feurig oder luftig oder sagen, sie seien „in ihrem Element". In der Astrologie heißt es, dass Sonnenzeichen des gleichen Elements eine Affinität oder ein Verständnis füreinander haben.

Wie immer in der Astrologie gibt es hierbei Positives und Negatives. Das Wissen um eine „Schattenseite" kann in Bezug auf die Selbsterkenntnis hilfreich sein und auf das, was man vielleicht verbessern oder ausgleichen sollte, besonders im Umgang mit anderen.

Luft

ZWILLINGE ✱ WAAGE ✱ WASSERMANN

Diese Zeichen glänzen im Reich der Ideen. Scharfsinnig und visionär, dabei in der Lage, das große Ganze zu sehen, haben Luftzeichen eine reflektierende Qualität, die Situationen entspannen kann. Zu viel Luft kann Absichten zerstreuen, was Zwillinge unentschlossen machen, die Waage zum Zaudern bringen und den Wassermann teilnahmslos erscheinen lassen kann.

Feuer

WIDDER ✱ LÖWE ✱ SCHÜTZE

Diese Zeichen umgibt Wärme und Energie, eine positive Herangehensweise, Spontaneität und Enthusiasmus, die andere sehr inspirieren und motivieren kann. Nachteilig kann sein, dass der Widder sich gern kopfüber in Sachen stürzt, der Löwe viel Aufmerksamkeit braucht und der Schütze viel redet, aber nichts liefert.

Erde

STIER ✱ JUNGFRAU ✱
STEINBOCK

Typischerweise genießen Erdzeichen sinnliche Freuden, Essen und andere körperliche Befriedigungen. Sie fühlen sich gern geerdet und lassen Taten für ihre Ideen sprechen. Der Nachteil ist, dass Stier-Geborene dickköpfig sein können, Jungfrauen pingelig und Steinböcke verbissen konservativ.

Wasser

KREBS ✱ SKORPION ✱
FISCHE

Wasserzeichen sind sehr reaktionsfreudig, wie die Gezeiten mit Ebbe und Flut, dazu aufmerksam und intuitiv – manchmal sogar über die Maßen, wegen ihrer besonderen Fähigkeit zu fühlen. Der Nachteil ist eine Tendenz, sich überfordert zu fühlen. Dies kann den Krebs so hartnäckig wie selbstschützend werden lassen, Fische wechselhaft in ihrer Aufmerksamkeit und den Skorpion unberechenbar und intensiv.

Kardinale, fixe und veränderliche Zeichen

Zusätzlich zur Unterteilung in die vier Elemente sind die Sternzeichen auch noch auf drei andere Arten gruppiert, die verdeutlichen, wie ihre Energien agieren oder reagieren können. Dies verleiht ihren besonderen Eigenschaften weitere Tiefe.

Kardinal

WIDDER ✸ KREBS ✸ WAAGE ✸ STEINBOCK

Kardinalzeichen sind aktive Zeichen mit der Energie, die Initiative zu ergreifen und Dinge in Gang zu setzen. Der Widder hat die Vision, der Krebs die Gefühle, die Waage die Kontakte und der Steinbock die Strategie.

Fix

STIER ✷ LÖWE ✷ SKORPION ✷ WASSERMANN

Langsamer, aber entschlossener arbeiten diese Zeichen, um voranzukommen; sie halten das am Laufen, was die kardinalen Zeichen initiiert haben. Der Stier bietet körperlichen Komfort, der Löwe Loyalität, der Skorpion emotionale Unterstützung und der Wassermann guten Rat. Auf fixe Zeichen ist Verlass, doch haben sie die Tendenz, sich gegen Veränderungen zu wehren.

Veränderlich

ZWILLINGE ✷ JUNGFRAU ✷ SCHÜTZE ✷ FISCHE

Anpassungsfähig und neuen Ideen, Orten und Menschen gegenüber aufgeschlossen, können sich veränderliche Zeichen leicht auf ihre Umgebung einstellen. Zwillinge sind geistig beweglich, die Jungfrau praktisch und vielseitig. Der Schütze visualisiert Möglichkeiten und die Fische sind empfänglich für Wandel.

Die zwölf Häuser

Das Geburtshoroskop ist in zwöf Häuser unterteilt, die für unterschiedliche Lebensbereiche und -funktionen stehen. Wenn man dir sagt, dass du ein Zeichen in einem bestimmten Haus hast – zum Beispiel die Waage (Gleichgewicht) im fünften Haus (Kreativität und Sexualität) –, kannst du diese Einflüsse interpretieren im Hinblick auf ganz spezifische Hinweise dafür, wie du einen Aspekt deines Lebens angehen könntest.

Jedes Haus ist mit einem Sonnenzeichen, seinem „natürlichen Herrscher", verknüpft und wird so durch Eigenschaften dieses Zeichens repräsentiert.

Drei der Häuser gelten als mystisch und beziehen sich auf unsere innere, übersinnliche Welt: das vierte (Zuhause), das achte (Tod und Wiedergeburt) und das zwölfte (Geheimnisse).

1. Haus

DAS SELBST

BEHERRSCHT VON WIDDER

Haus deiner Persönlichkeit: dein Selbst, wer du bist und wie du dich darstellst, deine Vorlieben, Abneigungen und Lebenseinstellungen. Es beschreibt auch, wie du dich selbst siehst und was dein Ziel im Leben ist.

2. Haus

BESITZ

BEHERRSCHT VON STIER

Haus deiner Besitztümer. Es zeigt, was dir gehört, einschließlich Geld, wie du dein Einkommen verdienst; deine materielle Sicherheit und die reellen Dinge, die dich auf deinem Lebensweg begleiten.

3. Haus

KOMMUNIKATION

BEHERRSCHT VON ZWILLINGE

In diesem Haus geht es um Kommunikation und Geisteshaltung, vor allem darum, wie du dich ausdrückst. Es beschreibt auch deine Beziehung zu deiner Familie, deinen Weg in der Schule oder im Beruf und wie du denkst, sprichst, schreibst und lernst.

4. Haus

ZUHAUSE

BEHERRSCHT VON KREBS

Haus deiner Wurzeln und deines Zuhauses, jetzt, früher und in Zukunft. Es umfasst daher deine Kindheit und die derzeitige häusliche Situation. Es beschreibt auch, was dir dein Zuhause und Sicherheit bedeuten.

5. Haus

KREATIVITÄT

BEHERRSCHT VON LÖWE

Haus von Kreativität, Spiel und Sexualität. Erlaubt auch Rückschlüsse auf Schaffensdrang und Libido in allen Ausprägungen. Es beschreibt außerdem Finanz- und Liebesspekulationen, Spiele, Vergnügen und Zuneigung: Herzensangelegenheiten.

6. Haus

GESUNDHEIT

BEHERRSCHT VON JUNGFRAU

Haus der Gesundheit, sowohl körperlich wie psychisch, und wie stabil sie ist. Auch die Menschen, die uns am Herzen liegen, die wir umsorgen oder unterstützen – von Familienmitgliedern bis hin zu Arbeitskollegen.

7. Haus

PARTNERSCHAFT

BEHERRSCHT VON WAAGE

Der Gegenpol des ersten Hauses. Es spiegelt gemeinsame Ziele und enge Partnerschaften, unsere Wahl des*der Lebenspartner*in und wie erfolgreich unsere Beziehungen sein können. Es beschreibt auch Partnerschaften und Feindschaften im Berufsleben.

8. Haus

WIEDERGEBURT

BEHERRSCHT VON SKORPION

Das Haus steht für den Tod als Wiedergeburt oder spirituelle Transformation. Beschreibt auch Vermächtnisse und das, was du an Persönlichkeitsmerkmalen oder materiell erben wirst. Und da Wiedergeburt Sex braucht, geht es in diesem Haus auch um Sex und sexuelle Gefühle.

9. Haus

REISEN

BEHERRSCHT VON SCHÜTZE

Haus der Fernreisen und Entdeckungsfahrten; es geht auch um die Erweiterung des Horizonts, den das Reisen bringen kann, und wie sich dies ausdrückt. Beschreibt das Verbreiten von Ideen, zum Beispiel in literarischen Werken oder Veröffentlichungen.

10. Haus

BERUFUNG

BEHERRSCHT VON STEINBOCK

Repräsentiert das, wonach wir streben, und unseren Satus; wie wir öffentlich angesehen sein wollen (oder nicht), unsere Ambitionen, unser Image und was wir im Leben aus eigener Kraft erreichen wollen.

11. Haus

FREUNDSCHAFTEN

BEHERRSCHT VON WASSERMANN

Haus der Freundesgruppen und Bekannten, Visionen und Ideen. Es geht weniger um unmittelbare Befriedigung, sondern um langfristige Träume und wie diese durch unsere Fähigkeit, harmonisch mit anderen zusammenzuarbeiten, erreicht werden können.

12. Haus

GEHEIMNISSE

BEHERRSCHT VON FISCHE

Gilt als spirituellstes Haus. Das Haus des Unbewussten, der Geheimnisse und dessen, was verborgen ist; die „Leiche im Keller". Spiegelt auch die geheimen Wege, auf denen wir uns selbst sabotieren oder unsere Kräfte kleinhalten, indem wir sie nicht ausschöpfen.

Der Aszendent

Der Aszendent, auch als aufsteigendes Zeichen bekannt, ist das Tierkreiszeichen, das am Tag deiner Geburt am östlichen Horizont erschien, je nachdem, an welchem Ort und zu welcher Zeit dies passierte. Er liefert Informationen über die Aspekte deines Charakters, die sich mehr nach außen hin offenbaren, wie du dich präsentierst und von anderen gesehen wirst.

Die Geburtszeit zu kennen, ist somit ein nützlicher Faktor in der Astrologie. Selbst wenn dein Sonnenzeichen Krebs ist, kannst du also mit aufsteigendem Schützen unbekümmert wirken und auf die eine oder andere Weise spürbar abenteuerlustig.

Dein Aszendent – oder der anderer Personen – hilft oft auch zu erklären, warum die eigene Persönlichkeit so wenig mit dem Sonnenzeichen zusammenzupassen scheint.

Wenn du deine Geburtszeit und deinen Geburtsort weißt, kannst du deinen Aszendenten problemlos online oder in einer App ausrechnen lassen (siehe S. 108). Frage einfach deine Mutter oder andere Familienmitglieder danach. Manchmal steht die Geburtszeit auch in der Geburtsurkunde. Wenn du dir das Horoskop als Ziffernblatt vorstellst, ist der Aszendent auf der Neun-Uhr-Position zu sehen.

Der Deszendent

Der Deszendent weist auf einen möglichen Lebenspartner hin, basierend auf der Vorstellung, dass Gegensätze sich anziehen. Wenn du deinen Aszendenten kennst, ist der Deszendent leicht zu berechnen, da er genau sechs Zeichen entfernt ist: Bei einem Jungfrau-Aszendenten wäre der Deszendent also Fische. Wenn du dir das Horoskop als Ziffernblatt vorstellst, ist der Deszendent auf der Drei-Uhr-Position zu sehen.

Die Himmelsmitte (MC)

Auf deinem Geburtshoroskop ist auch die Himmelsmitte eingezeichnet (MC, von lat.: *Medium coeli*). Sie weist auf deine Einstellung zu Arbeit, Beruf und beruflichem Ansehen hin. Wenn du dir das Horoskop als Ziffernblatt vorstellst, ist das MC auf der Zwölf-Uhr-Position eingezeichnet.

Die Himmelstiefe (IC)

Dann gibt es noch das IC in deinem Horoskop (von lat.: *Imum coeli*, „Himmelstiefe"). Es weist auf deine Haltung gegenüber deinem Zuhause und deiner Familie hin und hat auch einen Bezug zum Ende deines Lebens. Das IC ist sechs Zeichen vom MC entfernt. Wenn dein MC Wassermann ist, ist dein IC Löwe. Wenn du dir das Horoskop als Ziffernblatt vorstellst, ist das IC auf der Sechs-Uhr-Position eingezeichnet.

Rückläufiger Saturn

Saturn ist einer der langsamsten Planeten: Er braucht 28 Jahre, um einmal um die Sonne zu kreisen und an den Punkt zurückzukehren, an dem er zum Zeitpunkt deiner Geburt stand. Diese Rückkehr kann sich über zwei bis drei Jahre erstrecken und macht sich oft in den Zeiten um deinen 30. und 60. Geburtstag stark bemerkbar, die oft als bedeutende „Meilensteine" gelten.

Da die Saturnenergie bisweilen als anstrengend empfunden wird, sind das nicht immer leichte Lebensabschnitte. Saturn gilt als weiser Lehrer oder harter Lehrmeister: Der Saturneffekt wird oft als „zum Glück zwingen" empfunden – so wie viele gute Lehrer argumentieren. Er hält uns wie ein strenger Personal Coach auf der Spur.

Die Saturnrückkehren erlebt jeder Mensch individuell. Sie sind immer eine gute Zeit, Bilanz zu ziehen, Dinge im Leben loszulassen, die einem nicht mehr nutzen, die Erwartungen zu revidieren und ohne Ausreden das im Leben aufzunehmen, von dem man gern mehr hätte. Wenn du also dieses Lebensereignis gerade erlebst oder erwartest, solltest du es begrüßen und damit arbeiten. Denn was du jetzt lernst – vor allem über dich selbst –, ist wissenswert, so turbulent es auch sein mag. Es kann sich für die nächsten 28 Jahre lohnen!

Rückläufiger Merkur

Selbst Menschen mit wenig Interesse an Astrologie bemerken es oft, wenn der Planet Merkur rückläufig ist. Als „Rückläufigkeit“ bezeichnet man Zeiten, in denen Planeten wie der Merkur stationär sind, aber sich in die Gegenrichtung zu bewegen scheinen, weil die Erde sich weiterdreht. Vorher und nachher kommt es zu einer „Schattenperiode“, die auch etwas turbulent sein kann. Der Planet scheint dabei erst langsamer und dann wieder schneller zu werden. Generell ist es ratsam, während der Rückläufigkeit keine wichtigen Schritte in Bezug auf Kommunikation zu unternehmen. Und wenn doch, sollte man im Kopf haben, dass sie sich später wieder ändern können.

Da Merkur der Planet der Kommunikation ist, zeigt sich schnell, warum seine Rückläufigkeit und ihre Verbindung mit Kommunikationsfehlern problematisch ist: zum Beispiel auf altmodische Weise, wenn ein Brief in der Post verloren geht, oder moderner, wenn der Computer abstürzt.

Ein rückläufiger Merkur kann auch das Reisen beeinträchtigen und es gibt Flug- oder Zugverspätungen, Staus oder Unfälle.

Dazu beeinflusst er die persönliche Kommunikation: Hören, Sprechen, (Nicht-)Gehört-Werden. Dies kann Durcheinander oder Streit verursachen. Er kann sich auch auf formellere Vereinbarungen wie Kaufverträge auswirken.

Merkur ist drei- bis viermal pro Jahr über etwa drei Wochen rückläufig, mit Schattenperioden vorher und nachher. Die Zeitrahmen seiner Rückläufigkeiten bedeuten auch, dass sie in einem bestimmen Sternzeichen passieren. Wenn er zum Beispiel zwischen 25. Oktober und 15. November rückläufig wäre, würde sein Effekt Skorpion-Eigenschaften haben. Auch Menschen mit Skorpion-Sonne oder einem starken Skorpion-Aspekt in ihrem Geburtshoroskop könnten stärker betroffen sein.

Die Termine, zu denen der Merkur rückläufig ist, findet man online, in astrologischen Tabellen oder Ephemeriden. Hier kann man sehen, ob man diese Zeiten für die Planung von Ereignissen meiden sollte, da sie potenziell betroffen sein könnten. Um festzustellen, wie der rückläufige Merkur dich persönlich angehen könnte, musst du dein Geburtshoroskop kennen und dessen spezifischere Kombinationen aus Zeichen- und Planeteneinflüssen.

Wenn du leichter durch einen rückläufigen Merkur kommen willst, sollte dir bewusst sein, dass Pannen passieren können. Rechne also mit Verzögerungen und überprüfe Details lieber doppelt. Bleibe angesichts von Verzögerungen positiv gestimmt und nimm solche Zeiten als Chance für Entschleunigung. Blicke zurück oder überdenke Ideen in Beruf oder Privatleben. Nutze die Zeit, um Fehler zu korrigieren oder Pläne umzugestalten, damit du vorbereitet bist, wenn sich die festgefahrene Energie erneut bewegt und du wieder fließender vorankommst.

Lesetipps

Die zwölf Archetypen: Tierkreiszeichen und Persönlichkeitsstruktur
(2011) von Brigitte Hamann; erschienen bei KnaurMensSana

Astrologie für Dummies
(2020) von Rae Orion; erschienen bei Wiley-VCH Verlag GmbH & Co. KGaA

Astrologie für den Alltag
(2021) von Carole Taylor; erschienen bei DK Verlag Dorling Kindersley

Das Astrologiebuch (2004) von Michael Roscher; erschienen im bei Chiron

Webseiten

astro.com

astrologyzone.com

jessicaadams.com

shelleyvonstrunkel.com

Apps

Astrostyle

Co-Star

Susan Miller's Astrology Zone

The Daily Horoscope

The Pattern

Time Passages

Danksagung

Mein besonderer Dank geht an mein treues Stier-Team. Zuerst an Kate Pollard, Publishing Director bei Hardie Grant: für ihre Leidenschaft für schöne Bücher und für die Beauftragung dieser Reihe. An Bex Fitzsimons für ihr gutlauniges, gründliches Redigieren. Und schließlich an Evi O. Studio, deren Illustrationen und Design kleine Kunstwerke entstehen ließen. Mit einer solchen „Sternenbesetzung" können diese Bücher nur glänzen – dafür sage ich Danke!

Über die Autorin

Stella Andromeda arbeitet seit über 30 Jahren als Astrologin. Sie ist davon überzeugt, dass die Kenntnis der Himmelskonstellationen und deren Potenzials psychologischen Interpretationen ein wertvolles Instrument bieten kann. Die Vermittlung ihres Wissens in dieser Buchform macht moderne Erkenntnisse über uralte astrologische Weisheiten leicht zugänglich und begeistert für Stella Andromedas Haltung, dass Reflexion und Selbsterkenntnis uns im Leben nur stärker machen. Mit ihrem Sonnenzeichen Stier, dem Aszendenten im Wassermann und einem Mond im Krebs lässt sie sich auf ihrer astrologischen Reise von Erde, Luft und Wasser inspirieren.

Für die deutsche Ausgabe:
Satz und Redaktion: bookwise GmbH
Übersetzung: Martina Walter
Gesamtherstellung: Leo Paper Products Ltd.

Krebs
ISBN 978-3-8485-0088-8
Ursprünglich veröffentlicht unter dem Titel: Cancer

www.groh.de

1 2 3 4 5